아담이 오고 있다

이 도서의 국립중앙도서관 출판예정도서목록(CIP)은 서지정보유통지원 시스템 홈페이지
(http://seoji.nl.go.kr)와 국가자료종합목록 구축시스템 (http://kolis-net.nl.go.kr)에서
이용하실 수 있습니다.
(CIP제어번호 : CIP2020029178)

아담이 오고 있다

2021년 9월 29일 초판 1쇄 인쇄
2021년 10월 7일 초판 1쇄 발행

지은이 | 김왕노
펴낸이 | 孫貞順

펴낸곳 | 도서출판 작가
　　　　(03756) 서울 서대문구 북아현로6길 50
　　　　전화 | 02)365-8111~2　팩스 | 02)365-8110
　　　　이메일 | morebook@naver.com
　　　　홈페이지 | www.morebook.co.kr
　　　　등록번호 | 제13-630호(2000. 2. 9.)

편집 | 손희 김치성 설재원
디자인 | 오경은 박근영
영업 | 박영민
관리 | 이용승

ISBN 979-11-90566-25-4　03810

잘못된 책은 구입하신 서점에서 바꾸어 드립니다.

값 12,000원

아담이 오고 있다

김왕노 디카시집

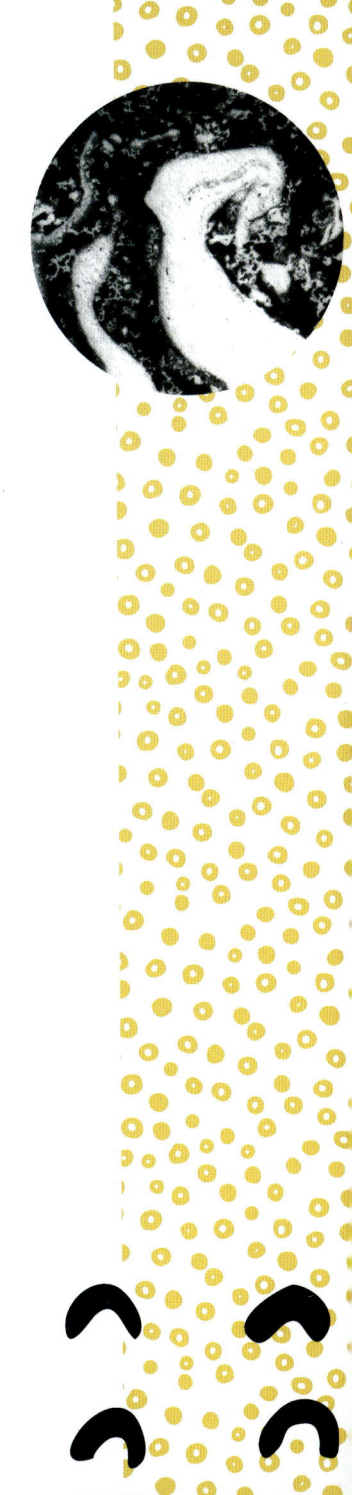

작가

■ 시인의 말

참 즐겁다.
시를 쓴다는 것은
시가 끝없이 피고 지는
지구라 생명의 별이고
사랑할 때마다
이별 할 때마다
시가 핀다.
사랑 할 때마다
피는 백만 송이
장미별처럼

2021년
김왕노

— 차례 —

시인의 말

| 제1부 |

013 강아지의 꿈
014 겨울 그리움
015 동행
016 도시형 인간
017 생
018 고도를 꿈꾸며
019 발효
020 코호트별에서
021 절규
022 금강
023 왕송호수
024 몰운대
025 코로나
026 모순
027 숙고
028 용서
029 왕은 살아있다
030 늦은 꿈
031 만추
032 월출이형

| 제2부 |

035 동행
036 파수꾼
037 밤의 스타카토
038 향수2
039 그리움2
040 카멜레온 인간
041 손짓
042 예술의 기쁨
043 귀가
044 불고기
045 도플갱어
046 사랑의 롤 모델
047 휴休
048 마중
049 줄의 서
050 목신의 사랑
051 오후의 장자론
052 서식지
053 목신의 오후
054 자전거 타는 아이

| 제3부 |

057 붓의 꿈
058 익는다는 것
059 악양
060 공중부양
061 팔달문
062 관계
063 오월 도플갱어
064 미담사례
065 무기수
066 심장을 가진 꽃
067 청동그리움
068 그리움이 불러서
069 부부
070 지조
071 저물어
072 화성행궁
073 새
074 장산숲 와룡선생
075 계관
076 첫사랑

| 제4부 |

079　위대한 탄생 *A great birth*
080　함구 *Holding your tongue*
082　사랑 *Love*
083　만해 마을1 *Manhae Village 1*
084　만해 마을2 *Manhae Village 2*
085　후회 *Repentance*
086　아침 *Morning*
087　그리움 *Yearning*
088　안국역 벽화 *A mural paint in Anguk station*
090　아담이 오고 있다 *Adam is coming*
092　일출 속으로 *Into the sunrise*
093　중국 *China*
094　저 높은 곳을 향하여 *On the upward way*
095　자화상 *A portrait*
096　거꾸로 선 꿈을 위하여 *For dream stood upside down*
098　아버지 *Father*
099　향수1 *Homesickness1*
100　왜목리 *Waemokri*
101　저 높은 곳을 향하여 *On the upward way*
102　고래를 기다리며 *Waiting for a whale*

해 설

103　사진 속의 절창 _ 김내자

제1부

강아지의 꿈

나이테로 천년 꿈이 새겨져있다.
어미를 졸졸 따라 봄날을 가는
천년 강아지 꿈도 새겨져있다.

(악양 평사리에서)

겨울 그리움

지병이 끝내 도졌나보다.
그렇지 않고야 내 그리움 가출해
누가 미치도록 그리운지
저렇게 언 발로 저무는지 몰랐다.

(삽교천에서)

동행

물고기가 외롭다고
울지 않는 이유를 안다.
물이 물고기의 눈물이
아닌 것도 안다.

(만해 마을에서)

도시형 인간

부푸는 사람이다. 구름이 되려는 사람이다.
하늘이 되고 싶은 사람이다.
오랫동안 푸른 귀천을 기다린 사람이다.

(서울에서)

생

사람이 망망대해 앞에
한 점, 점 같아도 위대하다.
뒷모습만 보아도 아름답다.

(석모도에서)

고도를 꿈꾸며

화성의 오후, 애드벌룬 보다 못한 우리인가.
마음이라도 성곽에 훌쩍 뛰어올라
태양의 고도까지 날자, 날자, 한번 날아보자꾸나.

(수원 화성에서)

발효

이 침묵의 시간 우리의 숨소리마저
침묵 안으로 가두고
덜 익은 사랑이 발효되길 기다린다.

(광교에서)

코호트별에서

엄마, 아버지는 몇 밤 자야 오나.

(운니동 강호 식당에서)

절규

오라, 오라, 내 하나의 사랑아!

(예당호 조각공원에서)

금강

우리는 곰나루서 금강을 가슴에 들였다.
남은 일은 우리도 강물로 흘러가는 것

(공주에서)

왕송호수

거처가 사냥터이자 집이다.
저 골똘함에 감동해 눈앞에
물결은 물고기를 데려올 것이다.
물과 가마우지가 한 통속인 곳

(의왕에서)

몰운대

내 사랑 멀리 두고 온 줄 알았다.
그 사랑 일년초, 꽃 지고 잎이 져
벌써 사라진 줄 알았으나
죽어도 꺾이지 않는 강대나무로
저렇게 아찔한 벼랑 위에 서 있었다.

(정선 몰운대에서)

코로나

도란도란 따뜻한 달램
함께 견디고
삐치지 말자는 밤의 당부

(의왕에서)

모순

태풍의 여름을 이겼다.
천자문이라며 하늘을 읽었다.
속이 꽉 찼다고
내린 형벌, 참수 직전이다.

(예산에서)

숙고

사랑한다는 한 마디 말에 처형을 당하지만
사랑을 위해
목숨은 버리는 쪽으로 가닥을 잡는 순간이다.

(김세중 미술관에서)

용서

햇살과 바람과 비의 무두질로 만들어져
장산숲 연못을 무단으로 차지한
저 푸른 방자유기에 달빛 고봉으로 넘칠 때
누구도 죄를 따지지 않을 것이다.

(고성 장산숲에서)

왕은 살아있다

박스란 권좌에 앉아 왕은 살아있다.
세상을 흔드는 바람의 멱을
단숨에 끊으려는 듯 노리고 있다.

(현대사옥 옆에서)

늦은 꿈

나도 업고 천년을 가고 싶은데
별이 되신 어머니! 어머니!

(예당호 조각공원에서)

만추

첼로소리처럼 번지는
웃음소리에
각진 마음이 무디어진다.

(충무로 한국의 집에서)

월출이형

몇 십 년 전 어딘가로 사라진 월출이 형
바람 불수록 더 단단히 다져지는
건축공법을 배워 저렇게 돌아올 줄 알았다.
집안에 한 배의 새끼를 낳은 형수를 모시고
저렇게 초병처럼 집을 지킬 줄 알았다.

(원천동에서)

제2부

동행

가족이란 저런 것, 세 명이 함께 가면
어둠을 셋으로 나눠 전혀 어둡지 않다.
무서움도 셋으로 나눠 무서울 리 없다.
사랑은 세배이므로 더욱 든든한 것이다.

(원천동에서)

파수꾼

우리는 새카맣게 잊다가 오지만
꽃 단추처럼 장신 숲을 꼭꼭 여미다가
추운 밤 장산 숲의 파수꾼으로
오들오들 떨었던 몸 지금 해바라기 중
쉿, 쉿 모두 다 쉿

(고성 장산숲에서)

밤의 스타카토

어린고양이다.
내 사랑 한 때 저러했다.
지금은 맹수
온몸에 폭풍이 인다.

(광명에서)

향수2

가고파라, 가고파 아버지 자전거 벨 소리가
찌릉 찌릉 울릴 때마다 꽃 피던 곳
어머니 웃음소리에 환하게 꽃 피던 곳
내가 칭얼거릴 때마다 달래주려고 꽃 피던 곳
내내 그리운 꽃이 당국이고 중앙이던 꽃 나라

(한양대학교병원 복도에서 모셔옴)

그리움2

천근 바위로 짓눌러봐라
천년 세월로 덮어봐라
내 그리움도 저렇게
붉게 돋던 날이 있었다.

(서울한양여자대학에서)

카멜레온 인간

푸른 인간 속엔 자본주의 계략이
뱀처럼 우글거릴지 모른다.
들키지 않으려 보호색을 가진
카멜레온 인간으로 진화했는지 모른다.

(충무로에서)

손짓

잡히지 않는 먼 꿈이여

(예당호 조각공원에서)

예술의 기쁨

서울 효창동 김세중 미술관 지하에
담소가 꽃 피고 있다.
꽃이 되고 봄이 되며 별이 되는
잉걸불 같은 담소가 사시사철 있다.

(김세중 미술관에서)

귀가

패스나 드리블도 끝나고 게임오버다.
꿈을 몰아 집으로 돌아갈 일만 남았다.

(화성에서)

불고기

한강 선상 식당에 가면 그리움을 몸 안에
알전구로 켠 고기가 있다.
그리움 활활 타는 불고기가 헤엄치고 있다.

(한강 선상식당에서)

도플갱어

당신의 뒤 배경이 되어주는 당신을 보았습니다.
나의 뒤 배경이 돼주는 나를 잃어버린 지 오래인데
당신이 잃어버리지 않은 당신을 조용히 봅니다.

(허형만 시인님 모습- 인천에서)

사랑의 롤 모델

서로에 대한 믿음으로 절정을 이룬
저 완벽한 사랑의 체위
내 사랑도 저 정도 돼야 한다,

(혜화동에서)

休休

아, 옛날이여

(예당호 조각공원에서)

마중

저기 오는 것이 봄 맞지. 그렇지

(화성율목초에서)

줄의 서

죄 많은 나를 봉준이처럼 꽁꽁 묶고
서울, 서울로 압송하는 꿈을 날마다
줄줄이 꾸고 있는 질기고 짜디 짠 줄

(구룡포에서)

목신의 사랑

목신이 막 뜨거운 사랑을 하는 숲이다.
목신의 오후가 흐르는 숲이다.
목신의 사랑을 배워 들쥐도 사랑중이다.
벼메뚜기도 나비도 한창 사랑 중이다.

(고성군 장산 숲에서)

오후의 장자론

꽃이 나비인지 나비가 꽃인지 내가 꽃인지 나비인지
나비가 나인지 꽃이 나인지 도통 모르는 꽃 한철이다.

(장흥에서)

서식지

멸종위기의 솟대의 울음
끝없이 메아리치는 도심
잊지 못할 고향 같은 곳

(서울에서)

목신의 오후

나무에게 무수한 눈이 있는 것을 알았다.
직시와 직관의 눈이 무서운 것도 알았다.

(여수에서)

자전거 타는 아이

고가다리 아래를 지날 때에는
무서움이 뒤따라오기에
나라도 줄행랑칠 수밖에 없다.

(광교 호수 아래서)

제3부

붓의 꿈

나도 단숨에 일필휘지 하고 싶다.
"바보야, 정말 널 사랑한다." 라는 말

(악양 평사리에서)

익는다는 것

벼만 익으면 고개 숙이는 것이 아니다.
해바라기마저 익으면 해를 외면하고 고개를 숙인다.
익는다는 것은 꿈을 조금씩 버리는 것이다.

(악양 평사리에서)

악양

한 쌍의 푸른 사랑이 저기 있다.
사랑이면 저렇게 함께 뿌리 내려야 한다.
악양의 별을, 들판을, 산을 보며
악양의 비바람을 함께 견뎌야 한다.

(악양 평사리에서)

공중부양

속임수인 것을 안다.
투명한 줄에 몸을 묶은 묘기로
날벌레 사냥의 명수인 거미
결국 거미줄을 오랏줄로
자신을 꽁꽁 묶어버리는 거미

(예산에서)

팔달문

내 그리움은 다 이곳에서 배웠다.
내 그리움은 다 이곳에 와 산다.

(수원에서)

관계

끝이 닿는 것은 관계가 있다는 것
맞닿은 곳으로
몇 만 볼트 사랑이 찌릿찌릿 흐른다.
끝없이 치솟아 오를 수밖에 없다.

(서울에서)

오월 도플갱어

오월 속에 선 나를 바라본다.
어디선가 잃어버리고 찾지 못했던 나
넥타이로 스스로 달아나지 못하게
내가 나에게 끌고 온 슬픈 눈의 나

(혜화동 성공회 교회에서)

미담사례

서울 언남동에 미담사례가 있었다.
겨울새를 꽃눈으로
목련나무가 먹여 살리고 있었다.
허기진 새가
꽃눈을 톡톡 쪼아 먹으며 노래를 했다.

(서울에서)

무기수

어쩌다 마주친 네 눈동자
나는 바라보는 것만으로도
네 눈동자에 갇힌 무기수

(화성에서)

심장을 가진 꽃

꽃을 이루는 말이 사랑의 말이다.
사랑이란 말을 위해
꽃은 뜨거운 피의 심장을 가졌다.
내 심장도 사랑을 위해 펄떡거린다.

(세종에서)

청동그리움

난기류의 하늘을 헤치며
북향으로 선 새
나이테로 겹겹이 새긴
청동울음 풀어낸다고
몸과 속이 새카맣게 탄다.

(강경에서)

그리움이 불러서

그리움이 불러서 왔으나
수평선 너머에서
또 부르는 그리움이라
차마 뒤돌아 설 수 없어

(구룡포에서)

부부

네가 앞서고 내가 뒤서도 일엽편주다.
네가 파란만장하면 나도 파란만장이다.
출렁이는 물 위로 가고 가도
끝나지 않는 눈부신 부부의 길이다.

(광교호수 아래서)

지조

이제 삐걱 열릴 것이다.
디카시 발원지가 장산숲이란
선포 소식을 듣고
육백년 지켜온 지조가 깨질 것이다.

(고성 장산숲에서)

저물어

저물어, 저물어 우리 어디로 가나
저 가물거리는 불빛 아래
숟가락 소리 따뜻한 저녁밥상 앞으로
하나
생은 야근이라 저 그리운 불빛

(평택에서)

화성행궁

달이냐 아니냐를 따질 필요가 없다.
나에겐 달이다.
화성행궁이면 달의 집이 맞다.
천년향기 가득한 이곳이 아니면
달의 집이 다른 곳에 있을 수 없다.

(수원 화성 행궁에서)

새

한 마리 새지만 단 하나의 목숨이다.
단 하나의 생이고 단 한번이었다가
영원히 사라질 한 방울 검은 눈물이다.

(서울 언남동에서)

장산숲 와룡선생

저 작은 개구리 한 마리가 여름이라는
거대한 농사짓는 것을 안다.
때로는 저 개구리의 선창으로
세상 모든 개구리 왈왈 천자문을 외운다.

(고성 장산숲에서)

계관

나도 볏 붉어지면 홰를 치리라
바다가 열리듯 광야가 열리도록
횃대에 올라 목쉬도록 홰를 치리라.

(안면도에서)

첫사랑

첫사랑 포항에 있다.
날 오라, 오라고 바다와 작당해
파도 소리로 날마다 나를 부르며
아직 내 첫사랑 포항에 있다.

(포항송도 해수욕장에서)

제4부

위대한 탄생 *A great birth*

어떤 폭풍이 어떤 질투가 갈라놓으랴.
이미 등 대고 서로 상처주지 않고
조용히 나누는 36.5 도 항온의 사랑을

No other storm and jealousy can be separated
love of constant temperature, 36.5 degrees that make love silently
without hurting mutually with leaning on the two

(서울에서 In Seoul)

함구 *Holding your tongue*

살다가 불리하면 스스로 입을 닫는다.
얼마나 많은 비말로 세상을 더럽혔는지
계엄군이 들이닥쳐 구둣발로 걷어차며
함구를 강요하지 않아도 스스로 함구했다.
I shut the mouth on my own at a disadvantage while living
So far I have been made the world dirty splashing lots of sprays
I kept my lips tight naturally and it didn't have to impose on me
even when martial forces drew near kicking hard with shoed feet
(서울 혜화동 성공회 교회에서 in episcopal church in Hyehwa-dong, Seoul)

사랑 *Love*

사랑은 사자다. 용맹스런 사자다.
절망의 숨통을 끊어버린다.
울음의 숨통을 끊어버린다.
사랑은 그 이상 그 이하도 아니다.

Love is a lion and that it is a brave lion

It put an end to life of despair

It put an end to life of cry

Not more than that, not less than that

(안면도에서 In Anmyeondo Island)

만해 마을 1 *Manhae Village 1*

먼 길 떠나는 만해의 발걸음 따라
백담사 물소리 속으로 한 천리 걸었다.
가도 가도 만해의 꽃 피는 말씀 속이다.

As I follow the Manhae's step departing a long way
I walked a thousand miles into the sound of flowing water
in Baekdamsa Buddhist temple
It is within a blooming logos of Manhae no bounds to go

(만해 마을에서 In Manhae Village)

만해 마을 2 *Manhae Village 2*

먼 길 떠난다는 것이
바로 나를 찾아가는 것임을 알았다.
만해의 등 뒤를 따라가다가
철들어 알았다.

Going away a long way,
it is to go to visit "I"
seeking after the back of Manhae
I came to know better unexpectedly

(만해 마을에서 In Manhae Village)

후회 *Repentance*

아프다. 나는 내 생에서 내려
저렇게 내 생을 끌고
늦더라도 너를 찾아간 적 없다.

I am painful. Descending from my lifetime
dragging my life in that way
even if it's late I never visited you

(서울 한양대역에서 In Hanyang University Hospital Station)

아침 *Morning*

아침이 온다는 것은 밤새 잠 없이
아침을 부른 사람이 있었던 것
커다란 눈물 한 방울로 울었던 것

That morning has broken is that
there was a man who called a morning without sleeping all night
that he cried with a big drop of tears

(해남가는 길에 A road leading to Haenam)

그리움 *Yearning*

저렇게 자욱한 그리움을 본 적 없다.
자욱한 그리움을 헤치며 일어선
저렇게 직립한 그리움을 본 적 없다.

I never seen such a thick attachment

rising from a dense longing dispersed

I never seen such an erected yearning

(공주에서 At Gongju)

안국역 벽화 *A mural paint in Anguk station*

안국역에 악어가 산다.
안국역이 푸른 늪이라는 생각
물총새도 놀러와 총총총 노래를
안국역이 울리도록 부를 것이다.

A crocodile lives in Anguk Subway Station
the creature thinks this is a green marsh
a common Indian Kingfisher also comes to sing
it will sing fully to be echoed near the station

(안국역에서 At Anguk Station)

아담이 오고 있다 *Adam is coming*

아담이 오고 있다.
아침 물꼬를 트려 끝없는 쟁기질로
어둡고 묵정밭 같은 세상 갈아엎으려
아담아, 일어나라
그리고 오라 외치지도 않았는데

Adam is coming

to open a sluice of morning

with an incessant plowing

the world like a dark and deserted field

Adam, awake And

I didn't shout you to come

(속초 해안공원의 작품 An art work At Sokcho ocean park)

일출 속으로 *Into the sunrise*

그리움이 아니면 저렇게 솟구칠 수가 없다.
세상을 단숨에 버리고 몸이 마르는 곳으로 치솟는
그리움이란 힘, 그리움이란 키가 큰 슬픔

It can't rise quickly other than yearning
throwing away the world at a breath and
shooting from where the body becomes thin
the power of yearning, it is a tall sadness

(물치항에서 At mulchi Port)

중국 *China*
–토루 Tulou

외지에서 온 사람들의 주거지
토루의 모서리에 선 저 기다림
수없는 그리움으로 닳은 돌
기다림이라면 저럴 수밖에 없다.

A residence of people from an external territory
such expectance that stood at the edge of Tulou
worn stones caused by inexplicable yearnings
waiting had no choice but to do like that

(중국 셔먼에서 At Sherman, China.)

저 높은 곳을 향하여 *On the upward way*

너무 비대해진 몸을 가졌다.
과적의 꿈을 가졌다.
갈 수 없는 새파란 하늘이여

I had a hypertrophied body
I had an overcharged dream
the deep blue sky that can't be reached
(동수원병원에서 At Dongsuwon Hospital,)

자화상 *A portrait*

휘어지는 뼈마디 마디마다
터진 살마다 핀 꿈의 이파리
난 분명 식물성 인간이다.
Every knuckle of the joint of a bone to be bent
leaves of bloomed dream every bursted flesh
obviously I am a vegetable human
(동수원병원에서 At Dongsuwon Hospital,)

거꾸로 선 꿈을 위하여
For dream stood upside down

네가 남긴 발자국을 따라 간다.
거꾸로 선 꿈도 불멸의 별처럼
끝없이 반짝이는 꿈이라
대낮처럼 환한 꿈길을 따라 간다.

I follow your footsteps you remained

because dream of upside down is also an endless, shining one

like an immortal star

I go to my dreaming in a broad daylight

(강릉 해안공원의 작품 An art work At Gangneung ocean park)

아버지 *Father*

굽은 허리로 우골탑을 쌓다가 소가 되셨다.
별이 되고 꽃이 되고 사자가 될 아버지
자식의 세상 개판이라 울분의 소가 되었다.

He became a cow building an ox bone's tower with bent waist
becoming a star, flower, he is doomed to be a lion
at last he became a fury's ox for the reasons of jumble,
the world of offspring fell into a confusion

(서울에서 In Seoul)

향수1 *Homesickness 1*

어머니 나 돌아갈래.
솟대가 어른, 나무가 어른인 그곳
솟대 울음을 자장가 삼고
나무의 그늘을 슬하로 삼아
설핏 꽃잠 들고 싶은 곳

Mother, I will come back
a pole signifying prayer is an elder, where tree is an adult
a pole cry substitutes a lullaby
shadow of tree makes the care of my parents
where I want to fall a sweet sleep in an instant

(한양대학교병원의 그림 An painting At Hanyang University Hospital)

왜목리 *Waemokri*

숙였던 고개 들고 소리치자.
일출과 일몰로 생을 배우며
천년 왜가리 울음으로 일어서자.

Let's shout raising your head hung down

learning life with phenomenon of sunrise and sunset

Let's rise with heron's cry of a thousand years

(당진 왜목리에서 Dangjin Waemokri)

저 높은 곳을 향하여 *On the upward way*

어두워지면서 더욱 빛나기를 바란다. 십자가여!
믿음도 뭐도 없이 죄 많은 몸으로도
저물녘이면 떳떳하다는 듯이
내 그리움을 하나 둘 환히 켜며
부끄러움도 없이 거리로 나서는데 십자가여!

As it gets dark, may it be brighter, oh! in the cross
though I am sinful without a plausible belief
as I look honorable when the sun sets
Turning on a light of yearning one or two
I go on the street without a shame, oh! in the cross

(수원에서 In Suwon)

고래를 기다리며 *Waiting for a whale*

오지 않는 고래를 기다리며
와야 할 고래를 기다리며
고래는 먼 곳에서 온다는 것을
수평선 너머에서 온다는 것을
사랑도 그렇게 온다는 것을

Waiting for the whale that doesn't come

longing for the whale destined to come

what the whale is coming from a distance

what it is coming beyond the horizon

what love also is to come in that way

(감포에서 In Gampo)

| 해설 |

사진 속의 절창

김내자(문학평론가)

1. 코호트별에서 디카시의 채굴자

　김왕노 시인은 우리나라 중년 시인의 대표주자로 그의 시가 텍스트로 많이 다뤄지고 많은 문학상을 받은 것은 객관적으로 그의 문학세계가 단단함을 보여주는 것이다. 또한 새로운 문학 장르인 디카시의 채굴자라 할 수 있다. 그가 스마트 폰을 들고 다니며 틈틈이 사진을 찍는 모습이 이제 자연스럽게 보인다.
　사물이나 현상의 껍질인 스투디움과 푼크툼이라는 내면과의 융합으로 이뤄내는 디카시의 절묘함을 보여주는 김왕노시인은 모두가 인정하는 디카시의 시조새와 같은 존재다. 그의 시에서는 디카시의 멋이라 할 수 있는 촌철살인과 직관과 직시가 있고 지그시 바라보면 볼수록 발효의 시간과 숙성을 거친 디카시의 맛이 있다. 그의 디카시 텍스트는 특별한 곳에서 구하는 것이 아니라 일상에서 얻은 것이다. 서울을 걷다가 아침을 달리다가 순간 멈춰 얻은 것이다. 일상 속에서 자연스레 얻어지는 디카시이기에 더구나 늘 손에 들고 다니는 스마트 폰으로 사진을 찍은 영상에다가 문자를 더해 디카시를 얻었으므로 그의 디카시는 생활이고 평범함이며, 일상이어서 누구나 편히 즐기고 읽을 수 있다. 하여 접근성, 대중성, 편리성을 가졌고 시각으로 즐기고 가슴으로 시를 즐기는 현대인의 기호에 맞는 디카시를 김왕노 시인은 꾸준히 발표하고 있다. 디카시 문학상을 공광규, 손찬호, 이정록 시인과 함께 받았다. 그가 지은 첫 디카시집『게릴라』, 두 번째 디카시집『이별 그 후의 날들』과 세번 째 시집『아담이 오고 있다.』는 디카시의 새로운 이정표이자 디카시의 새로운 금자탑을 세운 것이다. 디카시가 새로운 문학 장르로 자리매김하고 디카시에 관심이 고조되는 이 시점에서 포토포엠, 짧은 시도 나타나는데 이 모든 것은 시나 문학에서 순기능역할을 하는 것이 분명하다. 새로운 문학의 장르인 디카시집『아담이 오고 있다.』에서는 펜데믹 시대, 비대면 시대, 마스크 시대, 거리두기 시대로 코호트란 지구에서 꿈이 되고 숨통이 될 것이다. 김왕노 시인의『아담이 오고 있다.』는 디카시가 펼치는 시의 파노라마를 볼 수 있다. 디카시의 튼튼한 뿌리를 볼 수 있다. 디카시가 왜 사랑받을 수밖에 없는지 이유와 가능성을 볼 수 있다. 한마디로 그의 디카시는 발품으로 얻고 성실성으로 얻었기에 내구력과 내구성이 강한 디카시일 수밖에 없고 일상에서 얻은 디카시 이기에 누구에게나 친근하게 다가간다.

2. 코호트별에서 희망을 심는 시편

1) 감포에서
그의 디카시는 기다림의 시이자 희망의 시이다. 감포에 가서

저마다 고래로 상징되는 것을 기다리는 순간을 잘 포착했다. 바다를 보며 누구는 돌아가신 어머니가 돌아오시기를 바라고 누구는 시들어간 청춘이 다시 피어나기를 바라고 누구는 떠나간 애인이 돌아오기를 염원한다.

바다는 가슴이란 영혼의 창을 활짝 열어젖히고 노스탤지어의 노란 손수건을 흔들 듯 마음껏 손을 흔드는 것이다. 이것은 그리움의 현장을 잘 보여주고 희망의 끈을 놓지 않는 살아가는 우리를 잘 보여준다.

오지 않는 고래를 기다리며
와야 할 고래를 기다리며
고래는 먼 곳에서 온다는 것을
수평선 너머에서 온다는 것을
사랑도 그렇게 온다는 것을
(감포에서)

-「고래를 기다리며」전문

2) 당진 왜목리에서

이근배 시인의 고향인 당진에는 전국에서 가장 아름다운 일몰과 일출이 있는 왜목리가 있다. 왜목리의 왜가리 상은 한 마디로 불굴의 의지를 잘 보여주고 있다. 우레 같은 울음으로 펜데믹 시대에 인류의 불행을 이기고 새로운 세월을 열자고 외치는 것 같다. 왜목리에 가면 천년의 일출과 일몰이 이어지는 우주의 숨소리가 들리는 것 같다.

숙였던 고개를 들고 소리치자.
일출과 일몰로 생을 배우며
천년 왜가리 울음으로 일어서자.

- 「왜목리」 전문

 숙였던 고래란 코로나시대로 위축된 일상과 수축된 꿈과 움츠린 어깨를 말하지만 위축된 고개를 들고 소리치자는 극복의 의지이자 어떤 어려움에도 굴하지 말자는 결의다. 일몰과 일출은 순리이다. 순리에 따라 살다보면 천년 왜가리 울음으로 삶을 극대화시키고 꿈을 확장시키라는 푸른 메시지를 전하고 있다. 고목생화枯木生花처럼 마른 나무에서 꽃 피듯 어려움을 이기면 좋은 세월이 올 것을 시사하는 시이다.

3) 수원화성에서

 김왕노 시인은 수원에서 산지 거의 30년이 다 되어간다. 그가 아침에 단숨에 뛰어올라갔다던 팔달산과 화성행궁과 서장대 등이 그의 시에 많은 영향을 주었을 것이다. 그의 시에서는 수원에 대한 언급이 많이 나타나고 디카시에도 수원을 소재로 한 것이 많다. 이 사진은 흑백으로 처리되어 명징하다. '어둠이란 암울한 상황에서 고도를 향해가자. 모든 것을 떨쳐버리자'는 김왕노 시인의 절규가 들리는 듯해 시각에서 청각으로 까지 자극하는 듯 한 디카시의 극치를 보여준다.

화성의 오후, 애드벌룬 보다 못한 우리인가.
마음이라도 성곽에 훌쩍 뛰어올라

태양의 고도까지 날자, 날자, 한 번 날아보자꾸나.
(수원 화성에서)

- 「날자, 날자,
  한번 날아보자꾸나」 전문

3. 삶의 질곡에서 부르는 노래

1) 석모도에서

삶은 어느 곳에서든 어떤 시대이든 아름답다. 삶이 아름다운 것은 질곡이란 아름다운 담금질의 시간이 있기 마련이다. 바다를 마주하고 가는 한 사람이 나부끼는 옷자락은 승전보를 울리고 휘날리는 깃발 같다. 삶이란 질곡이 깊고 험했기에 더욱 아름답게 느껴지는 것이다. 석모도에 몇 분의 시인과 어울려 김왕노 시인이 갔을 때 얻은 한 컷의 사진이라고 한다. 인생이 위대하지만 아울러 외롭다는 것을 보여주지만 질곡을 거쳤기에 아름다울 수밖에 없음을 느낄 수 있다.

사람이 망망대해 앞에
한 점, 점 같아도 위대하다.
뒷모습만 보아도 아름답다.
(석모도에서)

- 「생」 전문

2) 김세중 미술관에서

인생은 사색과 행동으로 수놓아진 것이다. 어떻게 살아갈 것이냐 어떻게 처신할 것이냐는 사색과 생각, 숙고를 통해 정해지기도 한다. 생사의 갈림길에서 내리는 결단은 진땀나는 일이고 모든 일을 결정할 때마다 어느 곳에 가치를 두느냐에 인생의 모습은 너무나도 달라져 있을 것이다. 사랑을 위해 모든 것을 걸거나 버리는 것이 가장 무모할 수 있으나 인생최대의 가치를 사랑에 두었다면 극단적인 방법을 선택할 수밖에 없을 것이다. 가끔 김왕노 시인은 행사를 하려고 예술의 기쁨인 김세중 미술관에 가서 좋은 작품 앞에 넋을 놓고 바라본 적 여러 번 있다고 했다. 그 때마다 스마트 폰에 담아온 사진이 많은 영감을 준다고 했다. 이별 그 후의 날들이란 시집에 실린 참회란 작품도 김세중 미술관에서 얻은 것이라 했다.

사랑한다는 한 마디 말에 처형을 당하지만
　사랑을 위해
　목숨은 버리는 쪽으로 가닥을 잡는 순간이다.
　(김세중 미술관에서)

- 「숙고」 전문

3) 서울 평창동에서

아버지는 영원히 버릴 수 없는 이름이다. 이 사회의 가족의 희생물이었다. 눈물의 가장이었다.

그러면서도 뒷전의 아버지, 절망으로 삭아지시던 아버지. 김왕노 시인은 소를 대체물로 하여 아버지의 모든 것을 보여준다. 눈물 그렁한 눈으로 아버지의 슬픔, 강한 뿔로 가장으로 아버지의 강함, 그러면서도 과연 지금 아버지가 된 내가 옛날의 아버지만큼 하고 있는 가 반성하게 한다. 자식의 일이라면 범 같은 세월에도 대들던 아버지, 더럽게도 아버지가 보고 싶다던 김왕노 시인의 수필 한 구절이 떠오른다. 이 시대의 잃어버린 아버지 상을 일깨운다.

굽은 허리로 우골탑을 쌓다가 소가 되셨다.
별이 되고 꽃이 되고 사자가 될 아버지
자식의 세상 개판이라 울분의 소가 되었다.
(서울 평창동에서)

- 「아버지」전문

4. 사물에서 얻은 질감

1) 수원동수원 병원에서

사물에는 시인이 반영되어 있다. 시인의 사상과 세계 경험 미래 감정 등 온갖 것이 녹아 있다. 이 사진은 엘리베이터 벽에 어린 김왕노 자신의 모습이다. 엘리베이터에 벽에 나뭇잎 무늬가 새겨진 곳에 김왕노 자신이 투영되어있다. 엘리베이터의 벽과 벽에 새겨진 나뭇잎과 김왕노 시인이 어우러져 김왕노 시인이 가진 꿈을 잘 보여주고 있다. 이것이 디카시의 맛과 멋일 것이다. 조작처럼 잘라져 있으나 결국 단단한 퍼즐을 이루고 있으며 동물성 인간이 아니라 식물성 인간이라 선언하며 모든 것이 과열된 이 시대에 시인이 무엇을 열망하고 어떤 세월을 추구해야 하는지 잘 보여주고 있다. 자화상이자 미래의 자화상이 어떻게 그려져야 하는지 나타내고 있다. 사물에서 부드러운 질감을 씨줄과 날줄로 엮어낸 자화상이라 더욱 친근하고 돋보일 수밖에 없다.

휘어지는 뼈마디 마디마다
터진 살마다 핀 꿈의 이파리
난 분명 식물성 인간이다.
(동수원병원에서)

- 「자화상」 전문

2) 물치항에서

수평에서 수직이란 수평의 파괴와 같다. 끝없는 거부의 몸짓이나 저것은 끝내 수평으로 돌아가는 몸부림인 것이다. 그러므로 수직은 수평의 영원한 꿈으로 밖에 남을 수 없으나 수직을 위해 충전하는 에너지, 수직을 향해 키우는 근력으로 수직은 불가능이 아니라 가능이란 미래와 희망이 되므로 저렇게 솟구치는 것이다. 천남성처럼 장정의 장딴지처럼 불끈 솟아오르는 힘의 아름다움을 디카시가 보여주는 것이다. 일출과 물고기 형상과 수직과 수평의 아름다움을 얻기 위해 시인은 물치항에서 아침을 기다렸을 것이다. 그리고 저런 순간의 아름다움을 내주기 전까지 기다렸을 것이다. 아무리 셔터를 눌러도 사물이 자신을 마음껏 내줄 때까지 인내와 기다림이 없었다면 마음에 드는 디카시를 얻을 수 없을 것이다. 붉은 주단 같은 촘촘한 질감의, 부드러운 질감의 시를 얻을 수는 없을 것이다.

그리움이 아니면 저렇게 솟구칠 수가 없다.
세상을 단숨에 버리고 몸이 마르는 곳으로 치솟는
그리움이란 힘, 그리움이란 키가 큰 슬픔
(물치항에서)

- 「일출 속으로」 전문

3) 만해마을에서

먼 길 떠난다는 것이
바로 나를 찾아가는 것임을 알았다.
만해의 등 뒤를 따라가다가
철들어 알았다.
(만해 마을에서)

- 「만해 마을2」 전문

만해마을 2 에서는 시간의 질감을 느낄 수 있다. 시간의 향기를 맡을 수 있다. 만해선생님이 걸어가는 앞 유리창에 실루엣으로 비친 만해선생님이 결국 먼 곳으로 떠나는 것 같지만 자신을 찾아가는 것이고 자신에게 돌아가는 것임을 김왕노 시인이 잘 포착해 내었다. 이러한 시점에서 디카시는 순간포착의 예술이라는 말이 맞는다는 것을 알 수 있다. 만해선생님이 걸어가는 반대편 유리창에 만해선생님이 비춰지고 있으나 이것을 예술로 승화시키려는 사람은 없었을 것이고 생이 결국 자신이 왔던 곳으로 되돌아간다는 것을 누가 이렇게 극명하게 설파할 수 있으랴. 김왕노 시인은 이 순간을 놓치지 않고 우리가 본질적으로 우리에게 묻고 세상에 물었던 해답을 디카시 다섯줄로 나타냈다. 이것이 문학의 위대함이고 문학의 힘이다.

5. 코호트별에서 디카시

코호트별이란 말은 김왕노 시인이 처음 만든 말이다. 그가 시현실에 2020년에 발표한 도대체 이 안개들이란 시가 각광을 받고 있으며 코로나로 혼란스러운 판에 이 혼란을 더욱 가중하게 하는 오염된 인간의 작태를 불안한 안개의 미립자로 표현해 내기도 했다. 코호트별이란 이처럼 불안 속에 감금되고 불안 속에 머물도록 격리되고 봉쇄된 우리의 심리적 상태를 상징 적으로 나타낸 것이리라. 코호트별에서 디카시란 코호트별을 이겨내는 심리적 안정감을 찾는 문학이 되고 코호트별이지만 아직은 아름다운 자연과 인간의 풍경을 담아내고 결국 모두가 어우러진 울력으로 이 고난을 극복해가는 수단이 되길 바란다. 아담이 오고 있다. 라는 김왕노 시인의 세 번째 시집을 먼저 읽은 호사를 누린데 대해 기쁘고 앞으로 디카시와 김왕노 시인의 발전이 무궁무진하기를 바란다.